KB203338

한글사경

광명진언

화엄북스

사경 정진

사경이란 경전을 옮겨 쓰는 것을 말한다.
경전은 부처님께서 설하신 진리의 말씀이기 때문에 깨끗한 마음으로 정성을 다하여
사경에 임하는 일은 부처님의 마음을 가장 깊이 느끼고 이해할 수 있는 기도며 수행이다.
경전 속의 문자나 진언, 염불, 변상도 등은 단순한 문자나 그림이 아니라
중생들의 본성과 부처님의 마음을 여실하게 표현한 것이다.
예로부터 큰스님들은 경전의 한 글자 한 글자에 모두 부처님께서 함께하신다고 생각하여
사경을 할 때는 한자를 쓰고 삼배를 올리는 일자 삼배의 수행으로 사경을 하셨다.
사경의 신앙은 경전의 뜻을 보다 깊이 이해하는 의미도 크지만 자신의 원력을
사경속에 담아서 신심을 키워 나가는 데 그 목적이 있다고 하겠다.
우리에게 지혜와 자비의 길을 설하신 부처님의 가르침을 눈으로 읽고
소리를 내어서 염송하고 마음으로 이해를 한 뒤에 온 신경을 집중하고 정성을 다하여
사경에 임할때 부처님께서 자기와 함께하는 경건함과 환희로움을 체험할 수 있다.
엄숙한 분위기에서 조용히 정좌하고 호흡을 가다듬어 정신을 통일한 뒤
정성드려 행하는 사경은 번뇌와 미혹의 마음을 벗어나 청정한 심신이 되어
부처님의 마음과 통하게 된다. 부처님의 마음과 자기의 마음이 하나로 통하게 되면
지혜의 빛이 우리의 마음 속 깊이 스며들어 온다. 그때 몸과 마음의 안락과 함께 행복을
느끼면서 모든 이웃의 존재에 대한 자비심이 일어나게 된다.
이것이 진정한 사경의 신앙이다.

사경 공덕

사경의 공덕은 모든 중생들이 청정한 마음으로 불경을 옮겨 써서
수지하고 독송하며 남을 위하여 설하여 주면 윤회의 고통으로부터 벗어난다고 하였다.
또한 사경을 한 불경을 불상과 불탑에 공양을 하면 부처님의 보호와 위신력으로
일체의 재앙이 소멸되고 현세에는 복락을 성취한다고 한다.

"만약 어떤 사람이 경전을 사경, 수지, 해설하면 대원을 성취한다."
-『법화경』「법사공덕품」

"보현아, 만일 경전을 받아가지고 읽고 외우며 바르게 기억하고 닦고 익히며 옮겨 쓰는
이가 있으면, 마땅히 알라. 이 사람은 석가모니 부처님을 만나 뵙고 부처님의 입으로부터
직접 경전을 설하심을 들은 것과 같으니라"
-『법화경』「보현보살권발품」

"무수한 세월 동안 물질로 보시를 한 공덕보다 경전을 사경, 수지, 독송하여 다른
사람들을 위하여 해설을 한 공덕이 더 수승하다.
-『금강경』「지경공덕분」

"반야경을 사경한 공덕이 탑을 조성한 공덕보다 수승하다.
-『도행반야경』「탑품」

그렇다면 사경을 하게 되면 어떤 이익이 있을까?
다음과 같은 몇 가지로 요약을 해볼 수 있을 것이다.
산란심이 사라지고 마음이 안정된다.
심신이 정화되어 몸이 건강해진다.
번뇌가 사라지고 지혜가 자라난다.
부처님의 가르침을 깊이 이해하게 된다.
불법의 인연에 감사하고 생활이 즐거워진다.
부처님의 가호로 고통과 번뇌가 사라지고 발원한 일들이 성취된다.
깊은 믿음과 굳건한 신념이 생긴다.

불자가 경상에 앉아서 경전을 읽거나 사경을 하게 되면 호법신장이 항상 그 사람의 곁을 떠나지 않고 보호하여주며 산란하던 마음이 안정되고 지혜가 생기므로 생활이 안정되고 어려운 일들이 차츰 없어지고 해결이 되며 화합과 기쁨이 넘치는 가정이 된다.

사경 순서

삼귀의

사경발원문
시방세계의 모든 부처님과 보살님께 발원하옵니다. 오늘 저희들은 지극한 마음으로 사경을 봉행하오니 이 경전을 쓰는 공덕이 무량하여 선망부모가 왕생극락하고 다겁생래로 지어온 모든 죄업이 소멸되어 위없는 깨달음을 얻게 하소서.
그리고 지금 이루어지는 이 경전이 미래세가 다하도록 없어지지 않아 이후 모든 이웃들이 이 경전을 보면 환희심을 내고 불법을 깊이 깨달아 구경에 성불하기를 발원하옵니다.

참회문
한량없는 옛적부터 내가지은 모든 악업, 탐착심과 증오심과 미혹으로 생기었고, 몸과 입과 뜻을 따라 무명으로 지었기에 부처님께 진심으로 참회하고 비옵니다.

참회진언
"옴 살바 못자모지 사다야 사바하"(세번)

십념
청정법신 비로자나불, 원만보신 노사나불, 천백억화신 석가모니불, 당래하생 미륵존불
시방삼세 일체제불, 시방삼세 일체존법, 대지문수 사리보살, 대행 보현보살
대비 관세음보살, 제존보살마하살 마하반야바라밀

사경관념문

물은 대자비로 흐르는 지혜의 물이요. 먹은 깊은 선정의 굳은 먹입니다. 선정의 먹으로
지혜의 물을 갈아서, 실상법신의 문자를 옮겨 씁니다.
이 문자는 삼세제불의 깊고 깊은 가르침이며 모든 부처님의 진실한 참모습입니다.
이 말씀은 선정과 지혜의 법문이니 나와 남을 위하는 공덕이 두루 갖춰져 있습니다.
이 경의 말씀은 온 누리의 모든 중생들을 살펴보아 근기에 맞춰 설법해 널리 이웃을
이롭게 합니다. 이런 까닭에 제가 지금 경전의 사경을 봉행합니다. 원컨대 이 공덕으로
저와 더불어 온 누리의 모든 중생들이 끝없이 옛적부터 지어온 몸과 입과 마음으로
지어온 모든 죄업과 허물들이 남김없이 소멸되고 발원하는 모든 일들이 원만하게
성취되며, 정념으로 실상을 관하고 불도를 깨달아 윤회의 바다를 벗어나게 하여지이다.

입정·사경

주변을 깨끗이 정돈하고 몸과 마음을 청정하게 한다. 정좌하여 자세를 바르게 하고
호흡을 가다듬는다. 입정·사경한다. 발원문을 읽고 불전에 삼배한다.

회향문

사경 공덕 무량하여 삼업 중죄 소멸되니
몸과 마음 굳게 가져 보리심을 발합니다.
세세생생 보살의 길 나아가기 원하오니
시방삼세 부처님이시여 증명하여 주옵소서.

사홍서원

중생을 다 건지오리다. 번뇌를 다 끊으오리다.
법문을 다 배우오리다. 불도를 다 이루오리다.

자성중생을 다 건지오리다. 자성번뇌를 다 끊으오리다.
자성법문을 다 배우오리다. 자성불도를 다 이루오리다.

광명진언(光明眞言)

광명진언(光明眞言)은 비로자나 법신(法身)의 광명으로 무명과 업장을 걷어내 자성의 밝은 본성이 드러나게 한다. 따라서 수행 중에 장애가 생길 때, 과거의 습관이나 업장을 조복받기 위해서, 또는 과거의 잘못을 참회할 때 이 진언을 암송한다.

원효대사의 유심안락도(唯心安樂道)에 광명진언의 공덕을 크게 강조하고 이 진언을 외우면 부처님의 광명을 얻어 모든 업보와 죄보가 소멸된다고 하셨다.

광명진언은 과거의 모든 잘못을 참회하고, 과거의 지나간 업장들을 조복 받거나 수행 중에 장애가 생길 때나, 죽은 망자를 서방정토의 극락세계로 인도할 때 이 진언을 외우면 좋다고 알려져 있다.

광명진언은 부처님의 한량없는 자비와 지혜의 힘으로 어두운 업보를 몰아내고 악귀나 잡귀가 광명진언 속에서 흔적 없이 사라지게 되며, 부처님의 광명을 얻어 모든 업보와 죄보가 소멸되어 흔적 없이 사라진다 하여 광명진언이라 불리 우고 새로운 태어남을 얻는 신령스러운 힘을 지닌 진언이다.

시방삼세에 항상 계시는 자성 부처님의 지혜 광명이시여!

그 빛을 발(發)하소서!

"옴 아모카 바이로차나 마하무드라 마니 파드마 즈바라 프라바를타야 훔"

사 경 시 작 한 날 　 　 년 　 월 　 일

　 　 　 　 　 　 두 손 모 음

광명진언

옴 아모카 바이로차나 마하 무드라
마니파드마 즈바라 프라바를타야 훔

옴 아모카 바이로차나 마하 무드라
마니파드마 즈바라 프라바를타야 훔

옴 아모카 바이로차나 마하 무드라
마니파드마 즈바라 프라바를타야 훔

옴 아모카 바이로차나 마하 무드라
마니파드마 즈바라 프라바를타야 훔

옴 아모카 바이로차나 마하 무드라
마니파드마 즈바라 프라바를타야 훔

옴 아모카 바이로차나 마하 무드라
마니파드마 즈바라 프라바를타야 훔

옴 아모카 바이로차나 마하 무드라
마니파드마 스바라 프라바를타야 훔

옴 아모카 바이로차나 마하 무드라
마니파드마 스바라 프라바를타야 훔

옴 아모카 바이로차나 마하 무드라
마니파드마 스바라 프라바를타야 훔

옴 아모카 바이로차나 마하 무드라
마니파드마 스바라 프라바를타야 훔

옴 아모카 바이로차나 마하 무드라
마니파드마 스바라 프라바를타야 훔

옴 아모카 바이로차나 마하 무드라
마니파드마 스바라 프라바를타야 훔

옴 아모카 바이로차나 마하 무드라
마니파드마 스바라 프라바를타야 훔

옴 아모카 바이로차나 마하 무드라
마니파드마 스바라 프라바를타야 훔

옴 아모카 바이로차나 마하 무드라
마니파드마 스바라 프라바를타야 훔

옴 아모카 바이로차나 마하 무드라
마니파드마 스바라 프라바를타야 훔

옴 아모카 바이로차나 마하 무드라
마니파드마 스바라 프라바를타야 훔

옴 아모카 바이로차나 마하 무드라
마니파드마 스바라 프라바를타야 훔

옴 아모카 바이로차나 마하 무드라
마니파드마 즈바라 프라바를타야 훔

옴 아모카 바이로차나 마하 무드라
마니파드마 즈바라 프라바를타야 훔

옴 아모카 바이로차나 마하 무드라
마니파드마 즈바라 프라바를타야 훔

옴 아모카 바이로차나 마하 무드라
마니파드마 즈바라 프라바를타야 훔

옴 아모카 바이로차나 마하 무드라
마니파드마 즈바라 프라바를타야 훔

옴 아모카 바이로차나 마하 무드라
마니파드마 즈바라 프라바를타야 훔

옴 아모카 바이로차나 마하 무드라
마니파드마 즈바라 프라바를타야 훔

옴 아모카 바이로차나 마하 무드라
마니파드마 즈바라 프라바를타야 훔

옴 아모카 바이로차나 마하 무드라
마니파드마 즈바라 프라바를타야 훔

옴 아모카 바이로차나 마하 무드라
마니파드마 즈바라 프라바를타야 훔

옴 아모카 바이로차나 마하 무드라
마니파드마 즈바라 프라바를타야 훔

옴 아모카 바이로차나 마하 무드라
마니파드마 즈바라 프라바를타야 훔

옴 아모카 바이로차나 마하 무드라
마니파드마 스바라 프라바를타야 훔

옴 아모카 바이로차나 마하 무드라
마니파드마 스바라 프라바를타야 훔

옴 아모카 바이로차나 마하 무드라
마니파드마 스바라 프라바를타야 훔

옴 아모카 바이로차나 마하 무드라
마니파드마 스바라 프라바를타야 훔

옴 아모카 바이로차나 마하 무드라
마니파드마 스바라 프라바를타야 훔

옴 아모카 바이로차나 마하 무드라
마니파드마 스바라 프라바를타야 훔

옴 아모카 바이로차나 마하 무드라
마니파드마 스바라 프라바를타야 훔

옴 아모카 바이로차나 마하 무드라
마니파드마 스바라 프라바를타야 훔

옴 아모카 바이로차나 마하 무드라
마니파드마 스바라 프라바를타야 훔

옴 아모카 바이로차나 마하 무드라
마니파드마 스바라 프라바를타야 훔

옴 아모카 바이로차나 마하 무드라
마니파드마 스바라 프라바를타야 훔

옴 아모카 바이로차나 마하 무드라
마니파드마 스바라 프라바를타야 훔

옴 아모카 바이로차나 마하 무드라
마니파드마 스바라 프라바를타야 훔

옴 아모카 바이로차나 마하 무드라
마니파드마 스바라 프라바를타야 훔

옴 아모카 바이로차나 마하 무드라
마니파드마 스바라 프라바를타야 훔

옴 아모카 바이로차나 마하 무드라
마니파드마 스바라 프라바를타야 훔

옴 아모카 바이로차나 마하 무드라
마니파드마 스바라 프라바를타야 훔

옴 아모카 바이로차나 마하 무드라
마니파드마 스바라 프라바를타야 훔

옴 아모카 바이로차나 마하 무드라
마니파드마 즈바라 프라바를타야 훔

옴 아모카 바이로차나 마하 무드라
마니파드마 즈바라 프라바를타야 훔

옴 아모카 바이로차나 마하 무드라
마니파드마 즈바라 프라바를타야 훔

옴 아모카 바이로차나 마하 무드라
마니파드마 즈바라 프라바를타야 훔

옴 아모카 바이로차나 마하 무드라
마니파드마 즈바라 프라바를타야 훔

옴 아모카 바이로차나 마하 무드라
마니파드마 즈바라 프라바를타야 훔

옴 아모카 바이로차나 마하 무드라
마니파드마 즈바라 프라바를타야 훔

옴 아모카 바이로차나 마하 무드라
마니파드마 즈바라 프라바를타야 훔

옴 아모카 바이로차나 마하 무드라
마니파드마 즈바라 프라바를타야 훔

옴 아모카 바이로차나 마하 무드라
마니파드마 즈바라 프라바를타야 훔

옴 아모카 바이로차나 마하 무드라
마니파드마 즈바라 프라바를타야 훔

옴 아모카 바이로차나 마하 무드라
마니파드마 즈바라 프라바를타야 훔

옴 아모카 바이로차나 마하 무드라
마니파드마 즈바라 프라바를타야 훔

옴 아모카 바이로차나 마하 무드라
마니파드마 즈바라 프라바를타야 훔

옴 아모카 바이로차나 마하 무드라
마니파드마 즈바라 프라바를타야 훔

옴 아모카 바이로차나 마하 무드라
마니파드마 즈바라 프라바를타야 훔

옴 아모카 바이로차나 마하 무드라
마니파드마 즈바라 프라바를타야 훔

옴 아모카 바이로차나 마하 무드라
마니파드마 즈바라 프라바를타야 훔

옴 아모카 바이로차나 마하 무드라
마니파드마 스바라 프라바를타야 훔

옴 아모카 바이로차나 마하 무드라
마니파드마 스바라 프라바를타야 훔

옴 아모카 바이로차나 마하 무드라
마니파드마 스바라 프라바를타야 훔

옴 아모카 바이로차나 마하 무드라
마니파드마 스바라 프라바를타야 훔

옴 아모카 바이로차나 마하 무드라
마니파드마 스바라 프라바를타야 훔

옴 아모카 바이로차나 마하 무드라
마니파드마 스바라 프라바를타야 훔

옴 아모카 바이로차나 마하 무드라

마니파드마 즈바라 프라바를타야 훔

옴 아모카 바이로차나 마하 무드라

마니파드마 즈바라 프라바를타야 훔

옴 아모카 바이로차나 마하 무드라

마니파드마 즈바라 프라바를타야 훔

옴 아모카 바이로차나 마하 무드라

마니파드마 즈바라 프라바를타야 훔

옴 아모카 바이로차나 마하 무드라

마니파드마 즈바라 프라바를타야 훔

옴 아모카 바이로차나 마하 무드라

마니파드마 즈바라 프라바를타야 훔

옴 아모카 바이로차나 마하 무드라
마니파드마 스바라 프라바를타야 훔

옴 아모카 바이로차나 마하 무드라
마니파드마 스바라 프라바를타야 훔

옴 아모카 바이로차나 마하 무드라
마니파드마 스바라 프라바를타야 훔

옴 아모카 바이로차나 마하 무드라
마니파드마 스바라 프라바를타야 훔

옴 아모카 바이로차나 마하 무드라
마니파드마 스바라 프라바를타야 훔

옴 아모카 바이로차나 마하 무드라
마니파드마 스바라 프라바를타야 훔

옴 아모카 바이로차나 마하 무드라
마니파드마 즈바라 프라바를타야 훔

옴 아모카 바이로차나 마하 무드라
마니파드마 즈바라 프라바를타야 훔

옴 아모카 바이로차나 마하 무드라
마니파드마 즈바라 프라바를타야 훔

옴 아모카 바이로차나 마하 무드라
마니파드마 즈바라 프라바를타야 훔

옴 아모카 바이로차나 마하 무드라
마니파드마 즈바라 프라바를타야 훔

옴 아모카 바이로차나 마하 무드라
마니파드마 즈바라 프라바를타야 훔

옴 아모카 바이로차나 마하 무드라
마니파드마 즈바라 프라바를타야 훔

옴 아모카 바이로차나 마하 무드라
마니파드마 즈바라 프라바를타야 훔

옴 아모카 바이로차나 마하 무드라
마니파드마 즈바라 프라바를타야 훔

옴 아모카 바이로차나 마하 무드라
마니파드마 즈바라 프라바를타야 훔

옴 아모카 바이로차나 마하 무드라
마니파드마 즈바라 프라바를타야 훔

옴 아모카 바이로차나 마하 무드라
마니파드마 즈바라 프라바를타야 훔

옴 아모카 바이로차나 마하 무드라
마니파드마 스바라 프라바를타야 훔

옴 아모카 바이로차나 마하 무드라
마니파드마 스바라 프라바를타야 훔

옴 아모카 바이로차나 마하 무드라
마니파드마 스바라 프라바를타야 훔

옴 아모카 바이로차나 마하 무드라
마니파드마 스바라 프라바를타야 훔

옴 아모카 바이로차나 마하 무드라
마니파드마 스바라 프라바를타야 훔

옴 아모카 바이로차나 마하 무드라
마니파드마 스바라 프라바를타야 훔

옴 아모카 바이로차나 마하 무드라
마니파드마 스바라 프라바를타야 훔

옴 아모카 바이로차나 마하 무드라
마니파드마 스바라 프라바를타야 훔

옴 아모카 바이로차나 마하 무드라
마니파드마 스바라 프라바를타야 훔

옴 아모카 바이로차나 마하 무드라
마니파드마 스바라 프라바를타야 훔

옴 아모카 바이로차나 마하 무드라
마니파드마 스바라 프라바를타야 훔

옴 아모카 바이로차나 마하 무드라
마니파드마 스바라 프라바를타야 훔

광명진언

옴 아모카 바이로차나 마하 무드라
마니파드마 스바라 프라바를타야 훔

옴 아모카 바이로차나 마하 무드라
마니파드마 스바라 프라바를타야 훔

옴 아모카 바이로차나 마하 무드라
마니파드마 스바라 프라바를타야 훔

옴 아모카 바이로차나 마하 무드라
마니파드마 스바라 프라바를타야 훔

옴 아모카 바이로차나 마하 무드라
마니파드마 스바라 프라바를타야 훔

옴 아모카 바이로차나 마하 무드라
마니파드마 스바라 프라바를타야 훔

옴 아모카 바이로차나 마하 무드라
마니파드마 즈바라 프라바를타야 훔

옴 아모카 바이로차나 마하 무드라
마니파드마 즈바라 프라바를타야 훔

옴 아모카 바이로차나 마하 무드라
마니파드마 즈바라 프라바를타야 훔

옴 아모카 바이로차나 마하 무드라
마니파드마 즈바라 프라바를타야 훔

옴 아모카 바이로차나 마하 무드라
마니파드마 즈바라 프라바를타야 훔

옴 아모카 바이로차나 마하 무드라
마니파드마 즈바라 프라바를타야 훔

옴 아모카 바이로차나 마하 무드라
마니파드마 스바라 프라바를타야 훔

옴 아모카 바이로차나 마하 무드라
마니파드마 스바라 프라바를타야 훔

옴 아모카 바이로차나 마하 무드라
마니파드마 스바라 프라바를타야 훔

옴 아모카 바이로차나 마하 무드라
마니파드마 스바라 프라바를타야 훔

옴 아모카 바이로차나 마하 무드라
마니파드마 스바라 프라바를타야 훔

옴 아모카 바이로차나 마하 무드라
마니파드마 스바라 프라바를타야 훔

옴 아모카 바이로차나 마하 무드라
마니파드마 스바라 프라바를타야 훔

옴 아모카 바이로차나 마하 무드라
마니파드마 스바라 프라바를타야 훔

옴 아모카 바이로차나 마하 무드라
마니파드마 스바라 프라바를타야 훔

옴 아모카 바이로차나 마하 무드라
마니파드마 스바라 프라바를타야 훔

옴 아모카 바이로차나 마하 무드라
마니파드마 스바라 프라바를타야 훔

옴 아모카 바이로차나 마하 무드라
마니파드마 스바라 프라바를타야 훔

옴 아모카 바이로차나 마하 무드라
마니파드마 즈바라 프라바를타야 훔

옴 아모카 바이로차나 마하 무드라
마니파드마 즈바라 프라바를타야 훔

옴 아모카 바이로차나 마하 무드라
마니파드마 즈바라 프라바를타야 훔

옴 아모카 바이로차나 마하 무드라
마니파드마 즈바라 프라바를타야 훔

옴 아모카 바이로차나 마하 무드라
마니파드마 즈바라 프라바를타야 훔

옴 아모카 바이로차나 마하 무드라
마니파드마 즈바라 프라바를타야 훔

옴 아모카 바이로차나 마하 무드라
마니파드마 즈바라 프라바를타야 훔

옴 아모카 바이로차나 마하 무드라
마니파드마 즈바라 프라바를타야 훔

옴 아모카 바이로차나 마하 무드라
마니파드마 즈바라 프라바를타야 훔

옴 아모카 바이로차나 마하 무드라
마니파드마 즈바라 프라바를타야 훔

옴 아모카 바이로차나 마하 무드라
마니파드마 즈바라 프라바를타야 훔

옴 아모카 바이로차나 마하 무드라
마니파드마 즈바라 프라바를타야 훔

옴 아모카 바이로차나 마하 무드라
마니파드마 즈바라 프라바를타야 훔

옴 아모카 바이로차나 마하 무드라
마니파드마 즈바라 프라바를타야 훔

옴 아모카 바이로차나 마하 무드라
마니파드마 즈바라 프라바를타야 훔

옴 아모카 바이로차나 마하 무드라
마니파드마 즈바라 프라바를타야 훔

옴 아모카 바이로차나 마하 무드라
마니파드마 즈바라 프라바를타야 훔

옴 아모카 바이로차나 마하 무드라
마니파드마 즈바라 프라바를타야 훔

옴 아모카 바이로차나 마하 무드라
마니파드마 스바라 프라바를타야 훔

옴 아모카 바이로차나 마하 무드라
마니파드마 스바라 프라바를타야 훔

옴 아모카 바이로차나 마하 무드라
마니파드마 스바라 프라바를타야 훔

옴 아모카 바이로차나 마하 무드라
마니파드마 스바라 프라바를타야 훔

옴 아모카 바이로차나 마하 무드라
마니파드마 스바라 프라바를타야 훔

옴 아모카 바이로차나 마하 무드라
마니파드마 스바라 프라바를타야 훔

옴 아모카 바이로차나 마하 무드라
마니파드마 스바라 프라바를타야 훔

옴 아모카 바이로차나 마하 무드라
마니파드마 스바라 프라바를타야 훔

옴 아모카 바이로차나 마하 무드라
마니파드마 스바라 프라바를타야 훔

옴 아모카 바이로차나 마하 무드라
마니파드마 스바라 프라바를타야 훔

옴 아모카 바이로차나 마하 무드라
마니파드마 스바라 프라바를타야 훔

옴 아모카 바이로차나 마하 무드라
마니파드마 스바라 프라바를타야 훔

옴 아모카 바이로차나 마하 무드라
마니파드마 스바라 프라바를타야 훔

옴 아모카 바이로차나 마하 무드라
마니파드마 스바라 프라바를타야 훔

옴 아모카 바이로차나 마하 무드라
마니파드마 스바라 프라바를타야 훔

옴 아모카 바이로차나 마하 무드라
마니파드마 스바라 프라바를타야 훔

옴 아모카 바이로차나 마하 무드라
마니파드마 스바라 프라바를타야 훔

옴 아모카 바이로차나 마하 무드라
마니파드마 스바라 프라바를타야 훔

옴 아모카 바이로차나 마하 무드라
마니파드마 즈바라 프라바를타야 훔

옴 아모카 바이로차나 마하 무드라
마니파드마 즈바라 프라바를타야 훔

옴 아모카 바이로차나 마하 무드라
마니파드마 즈바라 프라바를타야 훔

옴 아모카 바이로차나 마하 무드라
마니파드마 즈바라 프라바를타야 훔

옴 아모카 바이로차나 마하 무드라
마니파드마 즈바라 프라바를타야 훔

옴 아모카 바이로차나 마하 무드라
마니파드마 즈바라 프라바를타야 훔

옴 아모카 바이로차나 마하 무드라
마니파드마 즈바라 프라바를타야 훔

옴 아모카 바이로차나 마하 무드라
마니파드마 즈바라 프라바를타야 훔

옴 아모카 바이로차나 마하 무드라
마니파드마 즈바라 프라바를타야 훔

옴 아모카 바이로차나 마하 무드라
마니파드마 즈바라 프라바를타야 훔

옴 아모카 바이로차나 마하 무드라
마니파드마 즈바라 프라바를타야 훔

옴 아모카 바이로차나 마하 무드라
마니파드마 즈바라 프라바를타야 훔

옴 아모카 바이로차나 마하 무드라
마니파드마 스바라 프라바를타야 훔

옴 아모카 바이로차나 마하 무드라
마니파드마 스바라 프라바를타야 훔

옴 아모카 바이로차나 마하 무드라
마니파드마 스바라 프라바를타야 훔

옴 아모카 바이로차나 마하 무드라
마니파드마 스바라 프라바를타야 훔

옴 아모카 바이로차나 마하 무드라
마니파드마 스바라 프라바를타야 훔

옴 아모카 바이로차나 마하 무드라
마니파드마 스바라 프라바를타야 훔

옴 아모카 바이로차나 마하 무드라
마니파드마 즈바라 프라바를타야 훔

옴 아모카 바이로차나 마하 무드라
마니파드마 즈바라 프라바를타야 훔

옴 아모카 바이로차나 마하 무드라
마니파드마 즈바라 프라바를타야 훔

옴 아모카 바이로차나 마하 무드라
마니파드마 즈바라 프라바를타야 훔

옴 아모카 바이로차나 마하 무드라
마니파드마 즈바라 프라바를타야 훔

옴 아모카 바이로차나 마하 무드라
마니파드마 즈바라 프라바를타야 훔

옴 아모카 바이로차나 마하 무드라
마니파드마 즈바라 프라바를타야 훔

옴 아모카 바이로차나 마하 무드라
마니파드마 즈바라 프라바를타야 훔

옴 아모카 바이로차나 마하 무드라
마니파드마 즈바라 프라바를타야 훔

옴 아모카 바이로차나 마하 무드라
마니파드마 즈바라 프라바를타야 훔

옴 아모카 바이로차나 마하 무드라
마니파드마 즈바라 프라바를타야 훔

옴 아모카 바이로차나 마하 무드라
마니파드마 즈바라 프라바를타야 훔

옴 아모카 바이로차나 마하 무드라
마니파드마 스바라 프라바를타야 훔

옴 아모카 바이로차나 마하 무드라
마니파드마 스바라 프라바를타야 훔

옴 아모카 바이로차나 마하 무드라
마니파드마 스바라 프라바를타야 훔

옴 아모카 바이로차나 마하 무드라
마니파드마 스바라 프라바를타야 훔

옴 아모카 바이로차나 마하 무드라
마니파드마 스바라 프라바를타야 훔

옴 아모카 바이로차나 마하 무드라
마니파드마 스바라 프라바를타야 훔

옴 아모카 바이로차나 마하 무드라
마니파드마 즈바라 프라바를타야 훔

옴 아모카 바이로차나 마하 무드라
마니파드마 즈바라 프라바를타야 훔

옴 아모카 바이로차나 마하 무드라
마니파드마 즈바라 프라바를타야 훔

옴 아모카 바이로차나 마하 무드라
마니파드마 즈바라 프라바를타야 훔

옴 아모카 바이로차나 마하 무드라
마니파드마 즈바라 프라바를타야 훔

옴 아모카 바이로차나 마하 무드라
마니파드마 즈바라 프라바를타야 훔

옴 아모카 바이로차나 마하 무드라
마니파드마 즈바라 프라바를타야 훔

옴 아모카 바이로차나 마하 무드라
마니파드마 즈바라 프라바를타야 훔

옴 아모카 바이로차나 마하 무드라
마니파드마 즈바라 프라바를타야 훔

옴 아모카 바이로차나 마하 무드라
마니파드마 즈바라 프라바를타야 훔

옴 아모카 바이로차나 마하 무드라
마니파드마 즈바라 프라바를타야 훔

옴 아모카 바이로차나 마하 무드라
마니파드마 즈바라 프라바를타야 훔

광명진언

옴 아모카 바이로차나 마하 무드라
마니파드마 즈바라 프라바를타야 훔

옴 아모카 바이로차나 마하 무드라
마니파드마 즈바라 프라바를타야 훔

옴 아모카 바이로차나 마하 무드라
마니파드마 즈바라 프라바를타야 훔

옴 아모카 바이로차나 마하 무드라
마니파드마 즈바라 프라바를타야 훔

옴 아모카 바이로차나 마하 무드라
마니파드마 즈바라 프라바를타야 훔

옴 아모카 바이로차나 마하 무드라
마니파드마 즈바라 프라바를타야 훔

옴 아모카 바이로차나 마하 무드라
마니파드마 스바라 프라바를타야 훔

옴 아모카 바이로차나 마하 무드라
마니파드마 스바라 프라바를타야 훔

옴 아모카 바이로차나 마하 무드라
마니파드마 스바라 프라바를타야 훔

옴 아모카 바이로차나 마하 무드라
마니파드마 스바라 프라바를타야 훔

옴 아모카 바이로차나 마하 무드라
마니파드마 스바라 프라바를타야 훔

옴 아모카 바이로차나 마하 무드라
마니파드마 스바라 프라바를타야 훔

옴 아모카 바이로차나 마하 무드라
마니파드마 즈바라 프라바를타야 훔

옴 아모카 바이로차나 마하 무드라
마니파드마 즈바라 프라바를타야 훔

옴 아모카 바이로차나 마하 무드라
마니파드마 즈바라 프라바를타야 훔

옴 아모카 바이로차나 마하 무드라
마니파드마 즈바라 프라바를타야 훔

옴 아모카 바이로차나 마하 무드라
마니파드마 즈바라 프라바를타야 훔

옴 아모카 바이로차나 마하 무드라
마니파드마 즈바라 프라바를타야 훔

옴 아모카 바이로차나 마하 무드라
마니파드마 즈바라 프라바를타야 훔

옴 아모카 바이로차나 마하 무드라
마니파드마 즈바라 프라바를타야 훔

옴 아모카 바이로차나 마하 무드라
마니파드마 즈바라 프라바를타야 훔

옴 아모카 바이로차나 마하 무드라
마니파드마 즈바라 프라바를타야 훔

옴 아모카 바이로차나 마하 무드라
마니파드마 즈바라 프라바를타야 훔

옴 아모카 바이로차나 마하 무드라
마니파드마 즈바라 프라바를타야 훔

옴 아모카 바이로차나 마하 무드라
마니파드마 즈바라 프라바를타야 훔

옴 아모카 바이로차나 마하 무드라
마니파드마 즈바라 프라바를타야 훔

옴 아모카 바이로차나 마하 무드라
마니파드마 즈바라 프라바를타야 훔

옴 아모카 바이로차나 마하 무드라
마니파드마 즈바라 프라바를타야 훔

옴 아모카 바이로차나 마하 무드라
마니파드마 즈바라 프라바를타야 훔

옴 아모카 바이로차나 마하 무드라
마니파드마 즈바라 프라바를타야 훔

옴 아모카 바이로차나 마하 무드라
마니파드마 스바라 프라바를타야 훔

옴 아모카 바이로차나 마하 무드라
마니파드마 스바라 프라바를타야 훔

옴 아모카 바이로차나 마하 무드라
마니파드마 스바라 프라바를타야 훔

옴 아모카 바이로차나 마하 무드라
마니파드마 스바라 프라바를타야 훔

옴 아모카 바이로차나 마하 무드라
마니파드마 스바라 프라바를타야 훔

옴 아모카 바이로차나 마하 무드라
마니파드마 스바라 프라바를타야 훔

옴 아모카 바이로차나 마하 무드라
마니파드마 즈바라 프라바를타야 훔

옴 아모카 바이로차나 마하 무드라
마니파드마 즈바라 프라바를타야 훔

옴 아모카 바이로차나 마하 무드라
마니파드마 즈바라 프라바를타야 훔

옴 아모카 바이로차나 마하 무드라
마니파드마 즈바라 프라바를타야 훔

옴 아모카 바이로차나 마하 무드라
마니파드마 즈바라 프라바를타야 훔

옴 아모카 바이로차나 마하 무드라
마니파드마 즈바라 프라바를타야 훔

옴 아모카 바이로차나 마하 무드라
마니파드마 즈바라 프라바를타야 훔

옴 아모카 바이로차나 마하 무드라
마니파드마 즈바라 프라바를타야 훔

옴 아모카 바이로차나 마하 무드라
마니파드마 즈바라 프라바를타야 훔

옴 아모카 바이로차나 마하 무드라
마니파드마 즈바라 프라바를타야 훔

옴 아모카 바이로차나 마하 무드라
마니파드마 즈바라 프라바를타야 훔

옴 아모카 바이로차나 마하 무드라
마니파드마 즈바라 프라바를타야 훔

옴 아모카 바이로차나 마하 무드라
마니파드마 즈바라 프라바를타야 훔

옴 아모카 바이로차나 마하 무드라
마니파드마 즈바라 프라바를타야 훔

옴 아모카 바이로차나 마하 무드라
마니파드마 즈바라 프라바를타야 훔

옴 아모카 바이로차나 마하 무드라
마니파드마 즈바라 프라바를타야 훔

옴 아모카 바이로차나 마하 무드라
마니파드마 즈바라 프라바를타야 훔

옴 아모카 바이로차나 마하 무드라
마니파드마 즈바라 프라바를타야 훔

옴 아모카 바이로차나 마하 무드라
마니파드마 스바라 프라바를타야 훔

옴 아모카 바이로차나 마하 무드라
마니파드마 스바라 프라바를타야 훔

옴 아모카 바이로차나 마하 무드라
마니파드마 스바라 프라바를타야 훔

옴 아모카 바이로차나 마하 무드라
마니파드마 스바라 프라바를타야 훔

옴 아모카 바이로차나 마하 무드라
마니파드마 스바라 프라바를타야 훔

옴 아모카 바이로차나 마하 무드라
마니파드마 스바라 프라바를타야 훔

옴 아모카 바이로차나 마하 무드라
마니파드마 즈바라 프라바를타야 훔

옴 아모카 바이로차나 마하 무드라
마니파드마 즈바라 프라바를타야 훔

옴 아모카 바이로차나 마하 무드라
마니파드마 즈바라 프라바를타야 훔

옴 아모카 바이로차나 마하 무드라
마니파드마 즈바라 프라바를타야 훔

옴 아모카 바이로차나 마하 무드라
마니파드마 즈바라 프라바를타야 훔

옴 아모카 바이로차나 마하 무드라
마니파드마 즈바라 프라바를타야 훔

옴 아모카 바이로차나 마하 무드라
마니파드마 즈바라 프라바를타야 훔

옴 아모카 바이로차나 마하 무드라
마니파드마 즈바라 프라바를타야 훔

옴 아모카 바이로차나 마하 무드라
마니파드마 즈바라 프라바를타야 훔

옴 아모카 바이로차나 마하 무드라
마니파드마 즈바라 프라바를타야 훔

옴 아모카 바이로차나 마하 무드라
마니파드마 즈바라 프라바를타야 훔

옴 아모카 바이로차나 마하 무드라
마니파드마 즈바라 프라바를타야 훔

옴 아모카 바이로차나 마하 무드라
마니파드마 스바라 프라바를타야 훔

옴 아모카 바이로차나 마하 무드라
마니파드마 스바라 프라바를타야 훔

옴 아모카 바이로차나 마하 무드라
마니파드마 스바라 프라바를타야 훔

옴 아모카 바이로차나 마하 무드라
마니파드마 스바라 프라바를타야 훔

옴 아모카 바이로차나 마하 무드라
마니파드마 스바라 프라바를타야 훔

옴 아모카 바이로차나 마하 무드라
마니파드마 스바라 프라바를타야 훔

옴 아모카 바이로차나 마하 무드라
마니파드마 스바라 프라바를타야 훔

옴 아모카 바이로차나 마하 무드라
마니파드마 스바라 프라바를타야 훔

옴 아모카 바이로차나 마하 무드라
마니파드마 스바라 프라바를타야 훔

옴 아모카 바이로차나 마하 무드라
마니파드마 스바라 프라바를타야 훔

옴 아모카 바이로차나 마하 무드라
마니파드마 스바라 프라바를타야 훔

옴 아모카 바이로차나 마하 무드라
마니파드마 스바라 프라바를타야 훔

옴 아모카 바이로차나 마하 무드라
마니파드마 스바라 프라바를타야 훔

옴 아모카 바이로차나 마하 무드라
마니파드마 스바라 프라바를타야 훔

옴 아모카 바이로차나 마하 무드라
마니파드마 스바라 프라바를타야 훔

옴 아모카 바이로차나 마하 무드라
마니파드마 스바라 프라바를타야 훔

옴 아모카 바이로차나 마하 무드라
마니파드마 스바라 프라바를타야 훔

옴 아모카 바이로차나 마하 무드라
마니파드마 스바라 프라바를타야 훔

옴 아모카 바이로차나 마하 무드라
마니파드마 즈바라 프라바를타야 훔

옴 아모카 바이로차나 마하 무드라
마니파드마 즈바라 프라바를타야 훔

옴 아모카 바이로차나 마하 무드라
마니파드마 즈바라 프라바를타야 훔

옴 아모카 바이로차나 마하 무드라
마니파드마 즈바라 프라바를타야 훔

옴 아모카 바이로차나 마하 무드라
마니파드마 즈바라 프라바를타야 훔

옴 아모카 바이로차나 마하 무드라
마니파드마 즈바라 프라바를타야 훔

옴 아모카 바이로차나 마하 무드라
마니파드마 스바라 프라바를타야 훔

옴 아모카 바이로차나 마하 무드라
마니파드마 스바라 프라바를타야 훔

옴 아모카 바이로차나 마하 무드라
마니파드마 스바라 프라바를타야 훔

옴 아모카 바이로차나 마하 무드라
마니파드마 스바라 프라바를타야 훔

옴 아모카 바이로차나 마하 무드라
마니파드마 스바라 프라바를타야 훔

옴 아모카 바이로차나 마하 무드라
마니파드마 스바라 프라바를타야 훔

옴 아모카 바이로차나 마하 무드라
마니파드마 스바라 프라바를타야 훔

옴 아모카 바이로차나 마하 무드라
마니파드마 스바라 프라바를타야 훔

옴 아모카 바이로차나 마하 무드라
마니파드마 스바라 프라바를타야 훔

옴 아모카 바이로차나 마하 무드라
마니파드마 스바라 프라바를타야 훔

옴 아모카 바이로차나 마하 무드라
마니파드마 스바라 프라바를타야 훔

옴 아모카 바이로차나 마하 무드라
마니파드마 스바라 프라바를타야 훔

년　월　일

두 손 모 음

광명진언

옴 아모카 바이로차나 마하 무드라
마니파드마 즈바라 프라바를타야 훔

옴 아모카 바이로차나 마하 무드라
마니파드마 즈바라 프라바를타야 훔

옴 아모카 바이로차나 마하 무드라
마니파드마 즈바라 프라바를타야 훔

옴 아모카 바이로차나 마하 무드라
마니파드마 즈바라 프라바를타야 훔

옴 아모카 바이로차나 마하 무드라
마니파드마 즈바라 프라바를타야 훔

옴 아모카 바이로차나 마하 무드라
마니파드마 즈바라 프라바를타야 훔

옴 아모카 바이로차나 마하 무드라
마니파드마 스바라 프라바를타야 훔

옴 아모카 바이로차나 마하 무드라
마니파드마 스바라 프라바를타야 훔

옴 아모카 바이로차나 마하 무드라
마니파드마 스바라 프라바를타야 훔

옴 아모카 바이로차나 마하 무드라
마니파드마 스바라 프라바를타야 훔

옴 아모카 바이로차나 마하 무드라
마니파드마 스바라 프라바를타야 훔

옴 아모카 바이로차나 마하 무드라
마니파드마 스바라 프라바를타야 훔

옴 아모카 바이로차나 마하 무드라
마니파드마 스바라 프라바를타야 훔

옴 아모카 바이로차나 마하 무드라
마니파드마 스바라 프라바를타야 훔

옴 아모카 바이로차나 마하 무드라
마니파드마 스바라 프라바를타야 훔

옴 아모카 바이로차나 마하 무드라
마니파드마 스바라 프라바를타야 훔

옴 아모카 바이로차나 마하 무드라
마니파드마 스바라 프라바를타야 훔

옴 아모카 바이로차나 마하 무드라
마니파드마 스바라 프라바를타야 훔

옴 아모카 바이로차나 마하 무드라
마니파드마 스바라 프라바를타야 훔

옴 아모카 바이로차나 마하 무드라
마니파드마 스바라 프라바를타야 훔

옴 아모카 바이로차나 마하 무드라
마니파드마 스바라 프라바를타야 훔

옴 아모카 바이로차나 마하 무드라
마니파드마 스바라 프라바를타야 훔

옴 아모카 바이로차나 마하 무드라
마니파드마 스바라 프라바를타야 훔

옴 아모카 바이로차나 마하 무드라
마니파드마 스바라 프라바를타야 훔

옴 아모카 바이로차나 마하 무드라
마니파드마 스바라 프라바를타야 훔

옴 아모카 바이로차나 마하 무드라
마니파드마 스바라 프라바를타야 훔

옴 아모카 바이로차나 마하 무드라
마니파드마 스바라 프라바를타야 훔

옴 아모카 바이로차나 마하 무드라
마니파드마 스바라 프라바를타야 훔

옴 아모카 바이로차나 마하 무드라
마니파드마 스바라 프라바를타야 훔

옴 아모카 바이로차나 마하 무드라
마니파드마 스바라 프라바를타야 훔

옴 아모카 바이로차나 마하 무드라
마니파드마 스바라 프라바를타야 훔

옴 아모카 바이로차나 마하 무드라
마니파드마 스바라 프라바를타야 훔

옴 아모카 바이로차나 마하 무드라
마니파드마 스바라 프라바를타야 훔

옴 아모카 바이로차나 마하 무드라
마니파드마 스바라 프라바를타야 훔

옴 아모카 바이로차나 마하 무드라
마니파드마 스바라 프라바를타야 훔

옴 아모카 바이로차나 마하 무드라
마니파드마 스바라 프라바를타야 훔

옴 아모카 바이로차나 마하 무드라
마니파드마 즈바라 프라바를타야 훔

옴 아모카 바이로차나 마하 무드라
마니파드마 즈바라 프라바를타야 훔

옴 아모카 바이로차나 마하 무드라
마니파드마 즈바라 프라바를타야 훔

옴 아모카 바이로차나 마하 무드라
마니파드마 즈바라 프라바를타야 훔

옴 아모카 바이로차나 마하 무드라
마니파드마 즈바라 프라바를타야 훔

옴 아모카 바이로차나 마하 무드라
마니파드마 즈바라 프라바를타야 훔

옴 아모카 바이로차나 마하 무드라
마니파드마 스바라 프라바를타야 훔

옴 아모카 바이로차나 마하 무드라
마니파드마 스바라 프라바를타야 훔

옴 아모카 바이로차나 마하 무드라
마니파드마 스바라 프라바를타야 훔

옴 아모카 바이로차나 마하 무드라
마니파드마 스바라 프라바를타야 훔

옴 아모카 바이로차나 마하 무드라
마니파드마 스바라 프라바를타야 훔

옴 아모카 바이로차나 마하 무드라
마니파드마 스바라 프라바를타야 훔

옴 아모카 바이로차나 마하 무드라
마니파드마 즈바라 프라바를타야 훔

옴 아모카 바이로차나 마하 무드라
마니파드마 즈바라 프라바를타야 훔

옴 아모카 바이로차나 마하 무드라
마니파드마 즈바라 프라바를타야 훔

옴 아모카 바이로차나 마하 무드라
마니파드마 즈바라 프라바를타야 훔

옴 아모카 바이로차나 마하 무드라
마니파드마 즈바라 프라바를타야 훔

옴 아모카 바이로차나 마하 무드라
마니파드마 즈바라 프라바를타야 훔

옴 아모카 바이로차나 마하 무드라
마니파드마 즈바라 프라바를타야 훔

옴 아모카 바이로차나 마하 무드라
마니파드마 즈바라 프라바를타야 훔

옴 아모카 바이로차나 마하 무드라
마니파드마 즈바라 프라바를타야 훔

옴 아모카 바이로차나 마하 무드라
마니파드마 즈바라 프라바를타야 훔

옴 아모카 바이로차나 마하 무드라
마니파드마 즈바라 프라바를타야 훔

옴 아모카 바이로차나 마하 무드라
마니파드마 즈바라 프라바를타야 훔

옴 아모카 바이로차나 마하 무드라
마니파드마 즈바라 프라바를타야 훔

옴 아모카 바이로차나 마하 무드라
마니파드마 즈바라 프라바를타야 훔

옴 아모카 바이로차나 마하 무드라
마니파드마 즈바라 프라바를타야 훔

옴 아모카 바이로차나 마하 무드라
마니파드마 즈바라 프라바를타야 훔

옴 아모카 바이로차나 마하 무드라
마니파드마 즈바라 프라바를타야 훔

옴 아모카 바이로차나 마하 무드라
마니파드마 즈바라 프라바를타야 훔

옴 아모카 바이로차나 마하 무드라
마니파드마 스바라 프라바를타야 훔

옴 아모카 바이로차나 마하 무드라
마니파드마 스바라 프라바를타야 훔

옴 아모카 바이로차나 마하 무드라
마니파드마 스바라 프라바를타야 훔

옴 아모카 바이로차나 마하 무드라
마니파드마 스바라 프라바를타야 훔

옴 아모카 바이로차나 마하 무드라
마니파드마 스바라 프라바를타야 훔

옴 아모카 바이로차나 마하 무드라
마니파드마 스바라 프라바를타야 훔

옴 아모카 바이로차나 마하 무드라
마니파드마 스바라 프라바를타야 훔

옴 아모카 바이로차나 마하 무드라
마니파드마 스바라 프라바를타야 훔

옴 아모카 바이로차나 마하 무드라
마니파드마 스바라 프라바를타야 훔

옴 아모카 바이로차나 마하 무드라
마니파드마 스바라 프라바를타야 훔

옴 아모카 바이로차나 마하 무드라
마니파드마 스바라 프라바를타야 훔

옴 아모카 바이로차나 마하 무드라
마니파드마 스바라 프라바를타야 훔

옴 아모카 바이로차나 마하 무드라
마니파드마 스바라 프라바를타야 훔

옴 아모카 바이로차나 마하 무드라
마니파드마 스바라 프라바를타야 훔

옴 아모카 바이로차나 마하 무드라
마니파드마 스바라 프라바를타야 훔

옴 아모카 바이로차나 마하 무드라
마니파드마 스바라 프라바를타야 훔

옴 아모카 바이로차나 마하 무드라
마니파드마 스바라 프라바를타야 훔

옴 아모카 바이로차나 마하 무드라
마니파드마 스바라 프라바를타야 훔

옴 아모카 바이로차나 마하 무드라
마니파드마 즈바라 프라바를타야 훔

옴 아모카 바이로차나 마하 무드라
마니파드마 즈바라 프라바를타야 훔

옴 아모카 바이로차나 마하 무드라
마니파드마 즈바라 프라바를타야 훔

옴 아모카 바이로차나 마하 무드라
마니파드마 즈바라 프라바를타야 훔

옴 아모카 바이로차나 마하 무드라
마니파드마 즈바라 프라바를타야 훔

옴 아모카 바이로차나 마하 무드라
마니파드마 즈바라 프라바를타야 훔

옴 아모카 바이로차나 마하 무드라
마니파드마 즈바라 프라바를타야 훔

옴 아모카 바이로차나 마하 무드라
마니파드마 즈바라 프라바를타야 훔

옴 아모카 바이로차나 마하 무드라
마니파드마 즈바라 프라바를타야 훔

옴 아모카 바이로차나 마하 무드라
마니파드마 즈바라 프라바를타야 훔

옴 아모카 바이로차나 마하 무드라
마니파드마 즈바라 프라바를타야 훔

옴 아모카 바이로차나 마하 무드라
마니파드마 즈바라 프라바를타야 훔

옴 아모카 바이로차나 마하 무드라
마니파드마 즈바라 프라바를타야 훔

옴 아모카 바이로차나 마하 무드라
마니파드마 즈바라 프라바를타야 훔

옴 아모카 바이로차나 마하 무드라
마니파드마 즈바라 프라바를타야 훔

옴 아모카 바이로차나 마하 무드라
마니파드마 즈바라 프라바를타야 훔

옴 아모카 바이로차나 마하 무드라
마니파드마 즈바라 프라바를타야 훔

옴 아모카 바이로차나 마하 무드라
마니파드마 즈바라 프라바를타야 훔

옴 아모카 바이로차나 마하 무드라
마니파드마 스바라 프라바를타야 훔

옴 아모카 바이로차나 마하 무드라
마니파드마 스바라 프라바를타야 훔

옴 아모카 바이로차나 마하 무드라
마니파드마 스바라 프라바를타야 훔

옴 아모카 바이로차나 마하 무드라
마니파드마 스바라 프라바를타야 훔

옴 아모카 바이로차나 마하 무드라
마니파드마 스바라 프라바를타야 훔

옴 아모카 바이로차나 마하 무드라
마니파드마 스바라 프라바를타야 훔

광명진언

옴 아모카 바이로차나 마하 무드라
마니파드마 즈바라 프라바를타야 훔

옴 아모카 바이로차나 마하 무드라
마니파드마 즈바라 프라바를타야 훔

옴 아모카 바이로차나 마하 무드라
마니파드마 즈바라 프라바를타야 훔

옴 아모카 바이로차나 마하 무드라
마니파드마 즈바라 프라바를타야 훔

옴 아모카 바이로차나 마하 무드라
마니파드마 즈바라 프라바를타야 훔

옴 아모카 바이로차나 마하 무드라
마니파드마 즈바라 프라바를타야 훔

옴 아모카 바이로차나 마하 무드라
마니파드마 스바라 프라바를타야 훔

옴 아모카 바이로차나 마하 무드라
마니파드마 스바라 프라바를타야 훔

옴 아모카 바이로차나 마하 무드라
마니파드마 스바라 프라바를타야 훔

옴 아모카 바이로차나 마하 무드라
마니파드마 스바라 프라바를타야 훔

옴 아모카 바이로차나 마하 무드라
마니파드마 스바라 프라바를타야 훔

옴 아모카 바이로차나 마하 무드라
마니파드마 스바라 프라바를타야 훔

옴 아모카 바이로차나 마하 무드라
마니파드마 스바라 프라바를타야 훔

옴 아모카 바이로차나 마하 무드라
마니파드마 스바라 프라바를타야 훔

옴 아모카 바이로차나 마하 무드라
마니파드마 스바라 프라바를타야 훔

옴 아모카 바이로차나 마하 무드라
마니파드마 스바라 프라바를타야 훔

옴 아모카 바이로차나 마하 무드라
마니파드마 스바라 프라바를타야 훔

옴 아모카 바이로차나 마하 무드라
마니파드마 스바라 프라바를타야 훔

음 아모카 바이로차나 마하 무드라
마니파드마 스바라 프라바를타야 훔

음 아모카 바이로차나 마하 무드라
마니파드마 스바라 프라바를타야 훔

음 아모카 바이로차나 마하 무드라
마니파드마 스바라 프라바를타야 훔

음 아모카 바이로차나 마하 무드라
마니파드마 스바라 프라바를타야 훔

음 아모카 바이로차나 마하 무드라
마니파드마 스바라 프라바를타야 훔

음 아모카 바이로차나 마하 무드라
마니파드마 스바라 프라바를타야 훔

옴 아모카 바이로차나 마하 무드라
마니파드마 즈바라 프라바를타야 훔

옴 아모카 바이로차나 마하 무드라
마니파드마 즈바라 프라바를타야 훔

옴 아모카 바이로차나 마하 무드라
마니파드마 즈바라 프라바를타야 훔

옴 아모카 바이로차나 마하 무드라
마니파드마 즈바라 프라바를타야 훔

옴 아모카 바이로차나 마하 무드라
마니파드마 즈바라 프라바를타야 훔

옴 아모카 바이로차나 마하 무드라
마니파드마 즈바라 프라바를타야 훔

옴 아모카 바이로차나 마하 무드라
마니파드마 즈바라 프라바를타야 훔

옴 아모카 바이로차나 마하 무드라
마니파드마 즈바라 프라바를타야 훔

옴 아모카 바이로차나 마하 무드라
마니파드마 즈바라 프라바를타야 훔

옴 아모카 바이로차나 마하 무드라
마니파드마 즈바라 프라바를타야 훔

옴 아모카 바이로차나 마하 무드라
마니파드마 즈바라 프라바를타야 훔

옴 아모카 바이로차나 마하 무드라
마니파드마 즈바라 프라바를타야 훔

옴 아모카 바이로차나 마하 무드라
마니파드마 즈바라 프라바를타야 훔

옴 아모카 바이로차나 마하 무드라
마니파드마 즈바라 프라바를타야 훔

옴 아모카 바이로차나 마하 무드라
마니파드마 즈바라 프라바를타야 훔

옴 아모카 바이로차나 마하 무드라
마니파드마 즈바라 프라바를타야 훔

옴 아모카 바이로차나 마하 무드라
마니파드마 즈바라 프라바를타야 훔

옴 아모카 바이로차나 마하 무드라
마니파드마 즈바라 프라바를타야 훔

옴 아모카 바이로차나 마하 무드라
마니파드마 즈바라 프라바를타야 훔

옴 아모카 바이로차나 마하 무드라
마니파드마 즈바라 프라바를타야 훔

옴 아모카 바이로차나 마하 무드라
마니파드마 즈바라 프라바를타야 훔

옴 아모카 바이로차나 마하 무드라
마니파드마 즈바라 프라바를타야 훔

옴 아모카 바이로차나 마하 무드라
마니파드마 즈바라 프라바를타야 훔

옴 아모카 바이로차나 마하 무드라
마니파드마 즈바라 프라바를타야 훔

옴 아모카 바이로차나 마하 무드라
마니파드마 스바라 프라바를타야 훔

옴 아모카 바이로차나 마하 무드라
마니파드마 스바라 프라바를타야 훔

옴 아모카 바이로차나 마하 무드라
마니파드마 스바라 프라바를타야 훔

옴 아모카 바이로차나 마하 무드라
마니파드마 스바라 프라바를타야 훔

옴 아모카 바이로차나 마하 무드라
마니파드마 스바라 프라바를타야 훔

옴 아모카 바이로차나 마하 무드라
마니파드마 스바라 프라바를타야 훔

옴 아모카 바이로차나 마하 무드라
마니파드마 스바라 프라바를타야 훔

옴 아모카 바이로차나 마하 무드라
마니파드마 스바라 프라바를타야 훔

옴 아모카 바이로차나 마하 무드라
마니파드마 스바라 프라바를타야 훔

옴 아모카 바이로차나 마하 무드라
마니파드마 스바라 프라바를타야 훔

옴 아모카 바이로차나 마하 무드라
마니파드마 스바라 프라바를타야 훔

옴 아모카 바이로차나 마하 무드라
마니파드마 스바라 프라바를타야 훔

옴 아모카 바이로차나 마하 무드라
마니파드마 스바라 프라바를타야 훔

옴 아모카 바이로차나 마하 무드라
마니파드마 스바라 프라바를타야 훔

옴 아모카 바이로차나 마하 무드라
마니파드마 스바라 프라바를타야 훔

옴 아모카 바이로차나 마하 무드라
마니파드마 스바라 프라바를타야 훔

옴 아모카 바이로차나 마하 무드라
마니파드마 스바라 프라바를타야 훔

옴 아모카 바이로차나 마하 무드라
마니파드마 스바라 프라바를타야 훔

옴 아모카 바이로차나 마하 무드라
마니파드마 스바라 프라바를타야 훔

옴 아모카 바이로차나 마하 무드라
마니파드마 스바라 프라바를타야 훔

옴 아모카 바이로차나 마하 무드라
마니파드마 스바라 프라바를타야 훔

옴 아모카 바이로차나 마하 무드라
마니파드마 스바라 프라바를타야 훔

옴 아모카 바이로차나 마하 무드라
마니파드마 스바라 프라바를타야 훔

옴 아모카 바이로차나 마하 무드라
마니파드마 스바라 프라바를타야 훔

옴 아모카 바이로차나 마하 무드라
마니파드마 즈바라 프라바를타야 훔

옴 아모카 바이로차나 마하 무드라
마니파드마 즈바라 프라바를타야 훔

옴 아모카 바이로차나 마하 무드라
마니파드마 즈바라 프라바를타야 훔

옴 아모카 바이로차나 마하 무드라
마니파드마 즈바라 프라바를타야 훔

옴 아모카 바이로차나 마하 무드라
마니파드마 즈바라 프라바를타야 훔

옴 아모카 바이로차나 마하 무드라
마니파드마 즈바라 프라바를타야 훔

옴 아모카 바이로차나 마하 무드라
마니파드마 즈바라 프라바를타야 훔

옴 아모카 바이로차나 마하 무드라
마니파드마 즈바라 프라바를타야 훔

옴 아모카 바이로차나 마하 무드라
마니파드마 즈바라 프라바를타야 훔

옴 아모카 바이로차나 마하 무드라
마니파드마 즈바라 프라바를타야 훔

옴 아모카 바이로차나 마하 무드라
마니파드마 즈바라 프라바를타야 훔

옴 아모카 바이로차나 마하 무드라
마니파드마 즈바라 프라바를타야 훔

옴 아모카 바이로차나 마하 무드라
마니파드마 즈바라 프라바를타야 훔

옴 아모카 바이로차나 마하 무드라
마니파드마 즈바라 프라바를타야 훔

옴 아모카 바이로차나 마하 무드라
마니파드마 즈바라 프라바를타야 훔

옴 아모카 바이로차나 마하 무드라
마니파드마 즈바라 프라바를타야 훔

옴 아모카 바이로차나 마하 무드라
마니파드마 즈바라 프라바를타야 훔

옴 아모카 바이로차나 마하 무드라
마니파드마 즈바라 프라바를타야 훔

옴 아모카 바이로차나 마하 무드라
마니파드마 즈바라 프라바를타야 훔

옴 아모카 바이로차나 마하 무드라
마니파드마 즈바라 프라바를타야 훔

옴 아모카 바이로차나 마하 무드라
마니파드마 즈바라 프라바를타야 훔

옴 아모카 바이로차나 마하 무드라
마니파드마 즈바라 프라바를타야 훔

옴 아모카 바이로차나 마하 무드라
마니파드마 즈바라 프라바를타야 훔

옴 아모카 바이로차나 마하 무드라
마니파드마 즈바라 프라바를타야 훔

옴 아모카 바이로차나 마하 무드라
마니파드마 스바라 프라바를타야 훔

옴 아모카 바이로차나 마하 무드라
마니파드마 스바라 프라바를타야 훔

옴 아모카 바이로차나 마하 무드라
마니파드마 스바라 프라바를타야 훔

옴 아모카 바이로차나 마하 무드라
마니파드마 스바라 프라바를타야 훔

옴 아모카 바이로차나 마하 무드라
마니파드마 스바라 프라바를타야 훔

옴 아모카 바이로차나 마하 무드라
마니파드마 스바라 프라바를타야 훔

옴 아모카 바이로차나 마하 무드라
마니파드마 즈바라 프라바를타야 훔

옴 아모카 바이로차나 마하 무드라
마니파드마 즈바라 프라바를타야 훔

옴 아모카 바이로차나 마하 무드라
마니파드마 즈바라 프라바를타야 훔

옴 아모카 바이로차나 마하 무드라
마니파드마 즈바라 프라바를타야 훔

옴 아모카 바이로차나 마하 무드라
마니파드마 즈바라 프라바를타야 훔

옴 아모카 바이로차나 마하 무드라
마니파드마 즈바라 프라바를타야 훔

광명진언

옴 아모카 바이로차나 마하 무드라
마니파드마 스바라 프라바를타야 훔

옴 아모카 바이로차나 마하 무드라
마니파드마 스바라 프라바를타야 훔

옴 아모카 바이로차나 마하 무드라
마니파드마 스바라 프라바를타야 훔

옴 아모카 바이로차나 마하 무드라
마니파드마 스바라 프라바를타야 훔

옴 아모카 바이로차나 마하 무드라
마니파드마 스바라 프라바를타야 훔

옴 아모카 바이로차나 마하 무드라
마니파드마 스바라 프라바를타야 훔

옴 아모카 바이로차나 마하 무드라
마니파드마 스바라 프라바를타야 훔

옴 아모카 바이로차나 마하 무드라
마니파드마 스바라 프라바를타야 훔

옴 아모카 바이로차나 마하 무드라
마니파드마 스바라 프라바를타야 훔

옴 아모카 바이로차나 마하 무드라
마니파드마 스바라 프라바를타야 훔

옴 아모카 바이로차나 마하 무드라
마니파드마 스바라 프라바를타야 훔

옴 아모카 바이로차나 마하 무드라
마니파드마 스바라 프라바를타야 훔

옴 아모카 바이로차나 마하 무드라
마니파드마 즈바라 프라바를타야 훔

옴 아모카 바이로차나 마하 무드라
마니파드마 즈바라 프라바를타야 훔

옴 아모카 바이로차나 마하 무드라
마니파드마 즈바라 프라바를타야 훔

옴 아모카 바이로차나 마하 무드라
마니파드마 즈바라 프라바를타야 훔

옴 아모카 바이로차나 마하 무드라
마니파드마 즈바라 프라바를타야 훔

옴 아모카 바이로차나 마하 무드라
마니파드마 즈바라 프라바를타야 훔

옴 아모카 바이로차나 마하 무드라
마니파드마 즈바라 프라바를타야 훔

옴 아모카 바이로차나 마하 무드라
마니파드마 즈바라 프라바를타야 훔

옴 아모카 바이로차나 마하 무드라
마니파드마 즈바라 프라바를타야 훔

옴 아모카 바이로차나 마하 무드라
마니파드마 즈바라 프라바를타야 훔

옴 아모카 바이로차나 마하 무드라
마니파드마 즈바라 프라바를타야 훔

옴 아모카 바이로차나 마하 무드라
마니파드마 즈바라 프라바를타야 훔

옴 아모카 바이로차나 마하 무드라
마니파드마 즈바라 프라바를타야 훔

옴 아모카 바이로차나 마하 무드라
마니파드마 즈바라 프라바를타야 훔

옴 아모카 바이로차나 마하 무드라
마니파드마 즈바라 프라바를타야 훔

옴 아모카 바이로차나 마하 무드라
마니파드마 즈바라 프라바를타야 훔

옴 아모카 바이로차나 마하 무드라
마니파드마 즈바라 프라바를타야 훔

옴 아모카 바이로차나 마하 무드라
마니파드마 즈바라 프라바를타야 훔

옴 아모카 바이로차나 마하 무드라
마니파드마 스바라 프라바를타야 훔

옴 아모카 바이로차나 마하 무드라
마니파드마 스바라 프라바를타야 훔

옴 아모카 바이로차나 마하 무드라
마니파드마 스바라 프라바를타야 훔

옴 아모카 바이로차나 마하 무드라
마니파드마 스바라 프라바를타야 훔

옴 아모카 바이로차나 마하 무드라
마니파드마 스바라 프라바를타야 훔

옴 아모카 바이로차나 마하 무드라
마니파드마 스바라 프라바를타야 훔

옴 아모카 바이로차나 마하 무드라
마니파드마 즈바라 프라바를타야 훔

옴 아모카 바이로차나 마하 무드라
마니파드마 즈바라 프라바를타야 훔

옴 아모카 바이로차나 마하 무드라
마니파드마 즈바라 프라바를타야 훔

옴 아모카 바이로차나 마하 무드라
마니파드마 즈바라 프라바를타야 훔

옴 아모카 바이로차나 마하 무드라
마니파드마 즈바라 프라바를타야 훔

옴 아모카 바이로차나 마하 무드라
마니파드마 즈바라 프라바를타야 훔

옴 아모카 바이로차나 마하 무드라
마니파드마 즈바라 프라바를타야 훔

옴 아모카 바이로차나 마하 무드라
마니파드마 즈바라 프라바를타야 훔

옴 아모카 바이로차나 마하 무드라
마니파드마 즈바라 프라바를타야 훔

옴 아모카 바이로차나 마하 무드라
마니파드마 즈바라 프라바를타야 훔

옴 아모카 바이로차나 마하 무드라
마니파드마 즈바라 프라바를타야 훔

옴 아모카 바이로차나 마하 무드라
마니파드마 즈바라 프라바를타야 훔

옴 아모카 바이로차나 마하 무드라
마니파드마 즈바라 프라바를타야 훔

옴 아모카 바이로차나 마하 무드라
마니파드마 즈바라 프라바를타야 훔

옴 아모카 바이로차나 마하 무드라
마니파드마 즈바라 프라바를타야 훔

옴 아모카 바이로차나 마하 무드라
마니파드마 즈바라 프라바를타야 훔

옴 아모카 바이로차나 마하 무드라
마니파드마 즈바라 프라바를타야 훔

옴 아모카 바이로차나 마하 무드라
마니파드마 즈바라 프라바를타야 훔

옴 아모카 바이로차나 마하 무드라
마니파드마 스바라 프라바를타야 훔

옴 아모카 바이로차나 마하 무드라
마니파드마 스바라 프라바를타야 훔

옴 아모카 바이로차나 마하 무드라
마니파드마 스바라 프라바를타야 훔

옴 아모카 바이로차나 마하 무드라
마니파드마 스바라 프라바를타야 훔

옴 아모카 바이로차나 마하 무드라
마니파드마 스바라 프라바를타야 훔

옴 아모카 바이로차나 마하 무드라
마니파드마 스바라 프라바를타야 훔

옴 아모카 바이로차나 마하 무드라
마니파드마 즈바라 프라바를타야 훔

옴 아모카 바이로차나 마하 무드라
마니파드마 즈바라 프라바를타야 훔

옴 아모카 바이로차나 마하 무드라
마니파드마 즈바라 프라바를타야 훔

옴 아모카 바이로차나 마하 무드라
마니파드마 즈바라 프라바를타야 훔

옴 아모카 바이로차나 마하 무드라
마니파드마 즈바라 프라바를타야 훔

옴 아모카 바이로차나 마하 무드라
마니파드마 즈바라 프라바를타야 훔

옴 아모카 바이로차나 마하 무드라
마니파드마 스바라 프라바를타야 훔

옴 아모카 바이로차나 마하 무드라
마니파드마 스바라 프라바를타야 훔

옴 아모카 바이로차나 마하 무드라
마니파드마 스바라 프라바를타야 훔

옴 아모카 바이로차나 마하 무드라
마니파드마 스바라 프라바를타야 훔

옴 아모카 바이로차나 마하 무드라
마니파드마 스바라 프라바를타야 훔

옴 아모카 바이로차나 마하 무드라
마니파드마 스바라 프라바를타야 훔

옴 아모카 바이로차나 마하 무드라
마니파드마 즈바라 프라바를타야 훔

옴 아모카 바이로차나 마하 무드라
마니파드마 즈바라 프라바를타야 훔

옴 아모카 바이로차나 마하 무드라
마니파드마 즈바라 프라바를타야 훔

옴 아모카 바이로차나 마하 무드라
마니파드마 즈바라 프라바를타야 훔

옴 아모카 바이로차나 마하 무드라
마니파드마 즈바라 프라바를타야 훔

옴 아모카 바이로차나 마하 무드라
마니파드마 즈바라 프라바를타야 훔

옴 아모카 바이로차나 마하 무드라
마니파드마 즈바라 프라바를타야 훔

옴 아모카 바이로차나 마하 무드라
마니파드마 즈바라 프라바를타야 훔

옴 아모카 바이로차나 마하 무드라
마니파드마 즈바라 프라바를타야 훔

옴 아모카 바이로차나 마하 무드라
마니파드마 즈바라 프라바를타야 훔

옴 아모카 바이로차나 마하 무드라
마니파드마 즈바라 프라바를타야 훔

옴 아모카 바이로차나 마하 무드라
마니파드마 즈바라 프라바를타야 훔

발원문

사경끝난 날   년 월 일
두손모음

한글사경

광명진언

———————

1판 1쇄 찍은 날 2022년 4월 20일
1판 1쇄 펴낸 날 2022년 4월 25일

———————

펴 낸 이 장재수
편찬위원 박윤필
기   획 김익현
제   작 디자인/백한수, 편집/백승웅
펴 낸 곳 (주) 화엄북스
주   소 경기도 고양시 일산동구 노첨길56번길 63-9
전   화 031 901 9755, 팩   스 031 901 9766
이 메 일 eg9396@naver.com

———————

출판등록 제2021-000181호
ISBN 979-11-977514-5-5 (13220)

정가 9.000원

잘못된 책은 (주)화엄북스로 연락 주시면 교환해 드립니다.